SIMILARES PERO
NO IGUALES

¿TORTUGA O GALÁPAGO?

Por Rob Ryndak
Traducido por Alberto Jiménez

Gareth Stevens
PUBLISHING

Please visit our website, www.garethstevens.com. For a free color catalog of all our high-quality books, call toll free 1-800-542-2595 or fax 1-877-542-2596.

Cataloging-in-Publication Data

Ryndak, Rob, author.
¿Tortuga o galápago? / Rob Ryndak, translated by Alberto Jiménez.
    pages cm. — (Similares pero no iguales)
Includes bibliographical references and index.
ISBN 978-1-4824-3418-7 (pbk.)
ISBN 978-1-4824-3419-4 (6 pack)
ISBN 978-1-4824-3420-0 (library binding)
1. Turtles—Juvenile literature. 2. Testudinidae—Juvenile literature. 3. Adaptation (Biology)—Juvenile literature. I. Title.
 QL666.C5R96 2016
 597.92—dc23

Published in 2016 by
Gareth Stevens Publishing
111 East 14th Street, Suite 349
New York, NY 10003

Designer: Sarah Liddell
Editor: Ryan Nagelhout and Nathalie Beullens-Maoi
Spanish Translation: Alberto Jiménez

Photo credits: Cover, p. 1 (background) ZoranKrstic/Shutterstock.com; cover, p. 1 (turtle) IrinaK/Shutterstock.com; cover, p. 1 (tortoise) xpixel/Shutterstock.com; p. 5 Aumza2529/Shutterstock.com; pp. 7 (terrapin), 21 Jay Ondreicka/Shutterstock.com; p. 7 (tortoise) All-stock-photos/Shutterstock.com; p. 7 (tortoise) Brian Lasenby/Shutterstock.com; p. 9 (top) Wayne Lynch/All Canada Photos/Getty Images; p. 9 (bottom) Andrew Bee/Oxford Scientific/Getty Images; p. 11 Paul Vinten/Shutterstock.com; p. 13 Drew Home/Shutterstock.com; p. 15 (turtle) Polly Dawson/Shutterstock.com; p. 15 (tortoise) ANDRZEJ GRZEGORCZYK/Shutterstock.com; p. 17 (turtle) Isabelle Keuhn/Shutterstock.com; p. 17 (tortoise) Serge Vero/Shutterstock.com; p. 19 (turtle) mrHanson/Shutterstock.com; p. 19 (tortoise) Kietr/Shutterstock.com.

Printed in the United States of America

CPSIA compliance information: Batch #CS15GS: For further information contact Gareth Stevens, New York, New York at 1-800-542-2595.

CONTENIDO

Las palabras del glosario se muestran en **negrita** la primera vez que aparecen en el texto.

¿Que hay en el caparazón?

De repente encuentras en el patio un animal de poca altura con caparazón. ¿Es una tortuga o un galápago? Averiguar cuál de los dos es tu nuevo amigo puede resultar difícil si no observas atentamente determinadas características.

5

Rasgos de familia

Las tortugas, los galápagos y las tortugas de aguas **salobres** son **reptiles** que pertenecen al grupo de las Chelonias. Tienen conchas muy duras que se llaman caparazones. Las tortugas marinas son parte de la familia Cheloniidae, las tortugas de agua dulce pertenecen a la familia Emydidae. Las tortugas galápagos pertenecen a la familia de los Testudinidae.

TORTUGA DE AGUA SALOBRE

GALÁPAGO

TORTUGA

7

Iguales y diferentes

Las tortugas y los galápagos se parecen mucho entre sí. Ambos ponen sus huevos en tierra. Tienes que mirar atentamente el caparazón, las patas y dónde viven para diferenciarlos.

HUEVOS DE TORTUGA

HUEVOS DE GALÁPAGO

9

En tierra

La mayor diferencia entre las tortugas y los galápagos es dónde pasan el tiempo: los galápagos viven permanentemente en tierra; algunos solo en **climas** secos. Los caparazones de los galápagos son redondos, tienen forma de cúpula o domo y los protegen.

GALÁPAGO

Tortugas de agua

Las tortugas pasan en el agua la mayor parte de su vida. Algunas viven en el mar y otras en ríos o lagos. Los caparazones de las tortugas suelen ser más planos, lo que les sirve de ayuda para nadar. Aunque también pasan tiempo en tierra, en busca de comida, muchas se alimentan de plantas y animales marinos.

TORTUGA

Patas o aletas

Muchas tortugas marinas tienen patas semejantes a **aletas**. Algunas tortugas que viven en ríos o lagos tienen patas palmeadas; con ellas y con sus aletas pueden nadar velozmente. Las patas de los galápagos son cortas y redondas, y solo las utilizan para caminar.

TORTUGA MARINA

GALÁPAGO

15

Nidificación

Tanto las tortugas como los galápagos ponen huevos. Las crías **salen del cascarón** rompiéndolo con el pico agudo en que termina su boca.

Las tortugas marinas ponen sus huevos en la arena. Las crías rompen el cascarón, corren por la arena hasta llegar a la playa y entran al mar.

TORTUGA

GALÁPAGO

¿CÓMO PUEDES DIFERENCIARLOS?

ANIMAL	TORTUGA	GALÁPAGO
FAMILIA	Cheloniidae (mar), Emydidae (lagos y ríos)	Testudinidae
TIERRA O AGUA	mayormente en agua	tierra
LOCALIZACIÓN	América del Norte, América Central, América del Sur, África, Asia, Australia y todos los océanos excepto el Ártico	Todos los continentes excepto la Antártida
PATAS	aletas, palmeadas	redondas, cortas
CICLO DE VIDA	pueden vivir hasta 80 años	pueden vivir hasta 150 años
FORMA DEL CAPARAZÓN	más plano	más redondo

Animales viejos

Las tortugas y los galápagos pueden vivir mucho tiempo. Los galápagos se cuentan entre los animales más longevos del mundo. ¡Los científicos han estudiado galápagos que tienen más de 150 años! Las tortugas marinas pueden llegar a vivir hasta 80 años.

TORTUGA
MARINA

GALÁPAGO

Tortugas de agua salobre

La tortuga espalda de diamante es otro reptil de la familia Testudinidae provisto de caparazón. Lo que la diferencia de las tortugas y de los galápagos es que vive únicamente en tierra y en aguas salobres. Su hábitat son las **marismas** y las riberas próximas al océano.

TORTUGA DE AGUA SALOBRE

GLOSARIO

aletas: extremidades planas y anchas de un animal que le sirven para nadar

clima: las condiciones medias del tiempo atmosférico en una determinada zona

marismas: zona de terreno pantanoso que se inunda con las aguas del mar

reptil: animal recubierto de escamas o placas que respira aire, tiene espina dorsal y pone huevos, como las tortugas, las serpientes, los lagartos o los cocodrilos

salir del cascarón: lo que hacen las crías para salir del huevo

salobre: mezcla de agua dulce y salada

MÁS INFORMACIÓN

LIBROS

Gish, Melissa. *Tortoises*. Mankato, MN: Creative Education, 2013.

Shaskan, Trisha Speed. *What's the Difference Between a Turtle and a Tortoise?* Mankato, MN: Picture Window Books, 2011.

SITIOS DE INTERNET

Galápagos y tortugas

animals.nationalgeographic.com/animals/reptiles/galapagos-tortoise/
Aprende más sobre estos animales en el sitio de National Geographic.

Tortugas & galápagos

animals.sandiegozoo.org/animals/turtle-tortoise
Aprende más sobre las tortugas y los galápagos en el zoológico de San Diego.

ÍNDICE